Volcán Apasionado

Volcán Apasionado

BILLY ROSADO

Poemas de un solitario

Número de Control de la Biblioteca del Congreso de EE. UU.:   2012920614
ISBN: Tapa Dura   978-1-4633-4289-0
                Tapa Blanda   978-1-4633-4288-3
                Libro Electrónico   978-1-4633-4287-6

Para pedidos de copias adicionales de este libro, por favor contacte con:
Palibrio
1663 Liberty Drive
Suite 200
Bloomington, IN 47403
Gratis desde EE. UU. al 877.407.5847
Gratis desde México al 01.800.288.2243
Gratis desde España al 900.866.949
Desde otro país al +1.812.671.9757
Fax: 01.812.355.1576
ventas@palibrio.com
432712

Índice

1.- *Volcán Apasionado*

Como un volcán se apasiona mi corazón, al
mirarte tan bella y resplandeciente, hace que
todo mi cuerpo se estremezca de pasiones
Insospechadas.

Lava ardiente que emana mi cuerpo, me hace
vibrar de emociones incontrolables, la llama
ardiente de tus encantos, hace vibrar lo mas
infinito de todo mi cuerpo.

Llegando a torrenciales y estruendos incomparables,
y que se llevan todo a su paso, desbordando
los ríos y las cañadas y haciendo derrumbar
cuerpos enteros.

Haciendo erupción sobre sus laderas, mujer llena
de pasiones, insospechadas y resplandecientes
de amor incomparable y llena de una pasión tan
inmensa que hace temblar todo mi cuerpo.

Como el volcán que en ti habita, de desenfrenados deseos
inmensos, eres como la luz radiante de los más instintos
deseos insospechados, que por momentos me transporta
al paraíso de tu vibrar incontrolable

02 -14-12

2.- El Adiós de un Poeta

Adiós adiós, me voy lejos bien lejos a
otras tierras que no tienen fin, me voy
me llevo solo el recuerdo, del momento
aquel, que contigo pase.

Eres la mujer que llevo en mis sueños
eres el ser que me ayuda a vivir, hoy
te digo adiós y no una despedida es
solo un deseo loco de escapar.

Me iré lejos de tu vida, a donde ya no me
puedas ver, eres parte de mi ser y por
eso te digo adiós y quizás en la lejanía
te olvides de mí.

Otros brazos cobijaran tu cuerpo, y el mío
se quedara en la soledad y el tiempo
borrara de tu mente mi nombre a si podre
descansar en paz.

Es tanto el amor que te confieso que no
te puedo borrar de mí mente, escribiré tu
nombre y el mío en el fondo del mar para
que nunca se borre.

Para que dure hasta la eternidad, estaré mas
allá de la lejanía y mi mente será una profecía
para hacerles llegar a otras parejas, el inmenso
amor que por ti siento.

Que nunca les pase lo mismo, que no dejen
escapar el amor que llega una sola vez, a
veces hace sufrir, pero forma parte de
nuestras vidas para hacernos sentir mejor.

2-15-12

3.- El Recuerdo de Ella

*Dicen que los recuerdos no se olvidan, y no dejo de
pensar en ti, y si los recuerdos me matan, significa que
jamás te has olvidado de mi, en mi mente pasan tantas
casas y la vida hace que te recuerde más y más.*

*Será que en verdad tú me quisiste, o es solo tú
recuerdo de saber que un día en mi vida estuviste
y no te puedo olvidar, el amor a veces es difícil
conocer pues el día menos pensado se aleja de ti.*

*En esta vida aunque des lo mejor de ti, nunca eres
correspondido porque el día menos pensado, el ser
amado se aleja de ti, es una pena que el amor sea así
que no dure para siempre cuando entregas todo de ti.*

*Para la otra persona sea tan fácil apartarse de ti y yo
muriendo de pena por no poderte olvidar, hoy me
matan los recuerdos de mi vida placentera que estuve
entre tus brazos y que nunca te pude olvidar.*

*Hay amor que no te pase lo mismo y entonces me
recuerdes y ya sea tarde, pues otros brazos me
darán la cobija y el amor que tú no me supiste dar.*

02-23-12

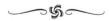

4.- Las Noches Pasadas

Una noche cuando más tranquilo estaba, vino a mi mente
el recuerdo de ella, cuando en las noches pasadas, cuando
vagando por las calles me atrapo el alba, y aun soñoliento
de tristeza tenía el alma, vagando por las calles.

Cual alma en pena miraba las cosas, cual si soñara
pues en mi mente no había nada, solo había las noches
pasadas de aquella soledad que me entristece el alma
y por mi mente solo pasaba la silueta de mi amada.

Oh Dios mío que ella se cruce en mi camino, para que
esta pena que ahora me embarga se baya para siempre y
vivir la felicidad que tanto anhelo y así dejar esta soledad
que embarga mi alma de ilusiones.

ilusiones que nunca vendrán, que solo en mi mente, y en
la soledad de mi cuarto están, veo tu silueta y te pienso
cual existieras, convencido estoy que es solo mi imaginación
y mi mente que no puede borrar por un momento tu nombre.
Como si existieras.

8-2-77

5.- La Mujer Soñada

Un día que yo andaba por las calles de Barcelona
vi tan hermosa doncella, mis ojos deslumbraron al
ver cara tan hermosa, parecía una diosa, yo seguí
aquella dama, por veredas y murallas.

Sin pensar siquiera lo que me iba a esperar,
al doblar una esquina al faro alumbrar, fue
entonces cuando vi cual era ella, toda vestida
de blanco y ni siquiera el suelo pisaba.

De mi mente de pronto se fue tu imagen, pues me di
cuenta de pronto que en realidad era ella la mujer
soñada la que en este mundo no estaba, solo en mi
mente la imaginaba.

Por quererla tanto era que la veía en todos lados en
mis sueños cuando dormía, era ella la mujer que
anhelaba, para darle todo lo que ella se merece
pero solo en mi imaginación estaba.

La mujer soñada la mujer que siempre estaba
todas las noches en mi vida y por ser
tan hermosa, no podía quitármela
de mi alma.

2-23-12

6.- Mujer Ajena

Hoy en mi soledad este poema te dedico, guárdalo
como un recuerdo de este que siempre te a
querido eres mujer ajena y sin embargo te quiero,
más que a mi vida.

Mas sin embargo llena de tristeza tengo el alma pues
no tengo tus besos, tampoco tus caricias se que eres
mujer ajena, sin embargo no puedo dejar de pensar
en ti.

Te pienso de día y también en la noche, te quiero
para mi toda y no te quiero compartir con nadie, te
quiero completa, tal como tu eres, con tu mirada
plena, tu piel de fuego que mi cuerpo quema.

Te quiero sin adversos sin hipocresía, te quiero con la vida
mía, quiero tus ojos, tu sonrisa la forma en que me tratas
tu forma de reír y de querer mujer ajena, sin embargo
te quiero, me gusta tu nombre, eres como las estrellas.

Las cinco puntas que tienen las estrellas son como cinco
puñaladas que mi corazón tiene, pues de tristeza
tengo el alma llena, pues se que eres mujer ajena
sin embargo te quiero.

01-07-80

7.- Amor Salvaje

Llenaste todo mi ser fuiste adorable arrolladora
y tu fuego quemo mi alma y sentí el placer de
ser amado con loca pasión, como lo haces tú,
no sé si me comprendas.

Nunca más podrá ver en mi vida noches de amor
de pasión, con el fuego de tus besos si no me
los das tu, no los quiero, jamás en la vida viviré
una experiencia, como la viví contigo.

No habrá ser que calme esta pasión ardiente si
no lo haces tú, quiero a cada instante recordar
estos instantes que jamás olvidare, el día que
te conocí.

Siempre me brindaste tu amor incondicionalmente desde
entonces este amor quema mis entrañas, hasta sentir
que quemo por dentro, de un amor tan arrollador y
apasionado, pues no dejo un momento de pensar en ti.

Amada mía qué mame con tu cuerpo, hazme sentir ese
fuego tuyo otra vez, hasta morir, para saber que estoy
vivo, pues siempre en mi mente estarás y nunca te
quiero olvidar.

Nunca podré olvidar ese momento, donde me
enseñaste que tu como mujer eres incomparable
y por siempre te amare hoy mañana y siempre
amor mío siempre serás mía.

2-11-12

8.- Mi Tristeza

Faltan cinco para las doce, miro la
puerta esperando tu llegada, mil
emociones encontradas y un dolor
en mi corazón.

Se va el año y tú no acabas de llegar, lagrimas
derramadas en mi pecho palpitan y mi emoción
se hace más grande esperando el año
nuevo.

Contemplando el reloj que está en la pared
mis piernas no me sostienen y mi corazón de
tanta tristeza deja de latir, siento que se acaba
mi mundo pues te fuiste para no volver.

Quisiera un día encontrarte en ese mundo donde
tu estas y no separarnos mas, a si contemplar tu
rostro que en este mundo no pude acariciar detener
el tiempo para amarte hasta la eternidad.

La navidad que mis ojos con lágrimas miraron
puerta que se cerró para no abrirse mas, noche
más triste no recuerdo, como el día en que
te fuiste, solo recuerdo que era navidad.

6-1-12

9.- La Distancia

Este poema solo para ti, le distes inspiración
a mi mente para escribirte desde lo mas
profundo de mi corazón, me embriaga tu
alma me alocan tus sentimientos.

Decirte te quiero desde lo más profundo de mi alma
amor que nace un día, cuando tu me escribes sin
saber quién era, sólo una frase bonita que leíste
en una página escrita de este servidor.

Isla virtual escogida por mí al azar, para enlazar una
pareja en islas distantes, parejas que no se conocen
y de pronto mueren de amor, a través de un escrito
de los que mueren por conocer el amor.

A veces me pregunto si en verdad tu me quieres o es solo
un espejismo, que nace de la distancia y por tal motivo
significante, poema que nace de un bello romance a
través de las palabras bonitas por ambos escritas.

Poema que nace de un bello romance a través de la
distancia de dos países, que se encuentran en la
lejanía y por tal motivo tiene más inspiración estas
páginas escritas, de este su más ferviente admirador.

7-29-12

10.- Amor Sincero

Si algún día tuviera la ocasión de besar tus labios y sentir
tu calor y la felicidad que tanto anhelo, si te pudiera
tener por tan solo un instante, te daría mil besos, te
entregaría mi corazón.

Abrazar todo tu cuerpo, para mi seria la dicha de adorarte
es mi ilusión, yo daría la vida entera por ese instante el sentir
tu calor, bonita seria la vida si a tu lado pudiera estar, aunque
sea un instante de placer y amarte como nunca e amado.

Ya no sería la vida mía tan ingrata, pues sería muy feliz
de tenerte a mi lado, si Dios me da la dicha de estar a tu
lado para siempre, te amaría con ternura para toda la vida
dame la oportunidad de sentirte mía.

Saber que en mi vida tu estas, por amor no me niegues
la oportunidad de sentir tus besos, demostrarte lo mucho
que te quiero, llevarte al paraíso hacerte sentir mujer
en todo momento, sentir tu cuerpo junto al mío.

Adorarte hasta la eternidad, mundo adverso lleno de
frialdad, entérate que soy diferente a los demás, por saber
darte no solo el amor sino mi comprensión y arrollarte
con el calor de todo mi cuerpo.

2-11-12

11.- *Te recordare*

Recordare aquel día cuando de mi tú te apartaste
y te almastes de mi vida dejando un gran vació en mi
alma marchita, para mí no será fácil recordar los días
pasados cuando me jurabas tu amor eterno.

De la noche a la mañana se apago como la llama que un día
nos alumbraba pero la adversidad de la vida nos hace jugadas
que después ya no podemos soportar por momento ciento
que mi corazón se quema y mi alma se sale de mi cuerpo.

Mi vida se apaga lentamente y el solo recordar me hace
daño Como un alma en pena que vaga por el mundo
entre las tinieblas, soy como la sombra que vive en la
soledad inmensa, un barco a la deriva.

Sin rumbo fijo espero a pesar de todo que tu vida no sea
como la mía, que puedas vivir en paz el resto de tus días,
solo te pido que nunca te olvides de mí, recuerda me, no
me olvides pues fuiste el amor de mi vida.

01-12-12

12.- *Amor Distante*

Como decirte que te quiero si aun no nos encontramos
como decirte que te amo si aun no nos conocemos
sé que nos queremos pero la distancia nos separa
pero nos une lo mucho que nos pensamos.

Tengo miedo que llegue ese día y de tanto que nos
queremos, no podamos encontrarnos que el mundo
se rompa en mil pedazos y que la tierra que nos une
nos separe la vida.

Que caigamos en un torbellino de miles de espinas
y que este amor que nos une nos quite la vida que el
tiempo sea testigo de este amor intenso que a pesar
de no vernos morimos por tenernos.

El día menos pensado el mismo destino nos una, el día
menos pensado para que las espinas que nos separan
se rompan en mil pedazos y podamos consumir el
fruto de este amor a la distancia pero apasionado.

1-13-12

13.- En La Navidad

En esta navidad mi amor te quiero dar, pues no sé si
en la otra yo pueda estar a tu lado, como siempre
gozando la navidad, acariciando tu pelo y envolviendo
un regalo mas, cuando tú te alejas siento que muero.

Estar mirando por la ventana para verte llegar una
mano veo alzar y un timbre que suena como la
campana en un altar, ya se acerca la noche buena
y contigo quiero estar.

Hincados de rodillas mirando el altar, imagino en mi mente
que nos cantan un coro celestial, el veinticuatro es noche
buena el veinticinco es navidad, se aleja la navidad, llega
el treinta y uno, muero de pensar si tú no estás.

Un beso te quiero, dar abrazarte y a si morir en paz
recordando que estas a mi lado y que nunca me dejaras
que aunque yo no esté a tu lado, recuérdame esta y por
siempre en navidad.

6-2-12

14.- Amor de Lejos

Te quiero a través de la distancia y ansío el derecho
de conocerte, pero tengo miedo de perder lo bonito
de verte por vez primera, este amor que nos une
el encontrarnos nos transporta a lo desconocido.

Palabras y sentimientos de amor inspirándonos siempre
es lo mejor, amor, comprensión es lo que nos une, nadie
como tu vida, mía por eso sueño con el día en que seas
mía, pues tus sentimientos me matan mujer del alma mía.

Con besos y caricias con amor y amor del puro y
sentimientos de alegría, convencido estoy que llegara
el día que aunque la distancia no quiera ceras mía para
el resto de mi vida, mujer del alma mía.

Ni la distancia ni nadie impida que nos conozcamos
mujer atrevida, cada día se hace mas desesperante
ver llegar ese día, que te vea por primera vez
amor del alma mía.

1-13-12

15.- Si fuera un poeta

Quisiera ser un poeta para plasmar en mis letras
lo que siento, expresar en cada una de ellas
la triste soledad que me atormenta poder volar al
infinito y hacerte entender lo mucho que te quiero
y que por tu amor escribo y me desvelo.

Quisiera ser un poeta y poder escribir las palabras
que hagan entender al mundo lo bonito de la
vida y enseñarles a valorar a la mujer lo mas
bonito que Dios hizo.

El día que se fundó el mundo, a si podremos
disfrutar de todo lo bello y no de las guerras
quisiera ser un poeta para llegar a tu corazón
y poder compartir un día el fruto de tu vientre.

Caminar contigo cogidos de la mano y marcar en
tu vida para siempre mi nombre junto al tuyo para
que no haya dudas de lo mucho que te quiero
juntar tu cuerpo con el mío.

En el universo se grabara tu nombre junto al mío
hasta que todo el mundo se entere de lo mucho
que te quiero, ámame como te amo, tómame de la
mano amor cuanto te extraño.

05-09-12

16.- El Mil Amores

Mil amores tuve en mi vida, pero como tu ninguna
radiante como una diosa mujer de incomparable belleza
ninguna solo una toco mi puerta, fue el día que te conocí
tan bella y radiante como una diosa OH mujer hermosa.

Mujer de incomparable belleza, nacida en el mas
deslumbrante amor que el día que toco a mi puerta
dejo en mi su fragancia y su más incomparable nobleza
el mil amores me llaman y

Todas las reinas por mi vida han pasado pero
en ti vi algo diferente que me dejo plasmado
lo que no pude ver en otra mujer, que te hace ser
la más bella como del universo.

Eres noble eres bella, tu perfume me embriaga
luces radiante como la luna eres espejo que me alumbra
mi sendero y el camino que no tiene fin deslumbras
con tu mirada de fuego linda mujer cuanto te quiero.

Tus labios carnosos hacen ver tu rostro más hermoso
eres ardiente como el fuego que enciende todo mi
cuerpo, me encanta disfrutar las mieles de tu boca
y sentirte hoy y siempre mujer hermosa mi diosa.

1-29-12

17.- *Cadena De Olvido*

Ando buscando en el campo una nena
ando buscando en el campo una flor
que me haga vibrar de las emociones
que trae el amor.

Ya los tiempos en la vida han cambiado
ya no es como antes que se cortaba
una flor, hoy en día todo a cambiado
en el mundo para bien o para mal.

En la mente solo queda el recuerdo
de los tiempos de antes que hacían
vibrar mi corazón OH me mata de
angustia la pena.

Verte llorando y ver que en tu vida ya no
hay más alegría, cada día te veo sufrir de
amor, yo solo espero que el tiempo pase
para irme a la tumba y descansar en paz.

Hay mama cita porque eres ingrata
no ves que muero de amor y sigo
sufriendo por tu incomprensión, amor
solo di que si y entrégame tu corazón.

03-06-12

18.- *Navidad Sin Ti*

Se acerca la navidad y con ella el año nuevo suenan
las campanas anunciando el festejo lindo arbolito
con luces resplandecientes la alegría de la familia
la comida es bienvenida.

Todos unidos brindando y festejando los niños sus regalos
destapando, llego la navidad y a nuestro corazón la
emoción, cantando estamos todos los petardos no dejan
de sonar porque hoy es navidad y debemos celebrar.

Ahora solo queda esperar el año nuevo porque se fue la
navidad, con doce campanadas vamos a esperar el año que
viene cuando de pronto todo queda en soledad con lagrimas
en los ojos todos sabemos que falta alguien esta navidad.

Tu mejor que nadie sabes quien a tu lado no está brindemos
brindemos compañeros dice el bohemio por el año que se va
brindemos amigos, hermanos porque ahora estamos juntos
brindemos por el que ya no está.

Por los ausentes, por el que no está presente, por
todas las personas, que no tienen con quien estar
por los que están sufriendo y se sienten solos, por mi
madre, todos brindemos amigos por ella en esta navidad.

12-24-04

19.- Torbellino de Amor

Quisiera escribirte y no puedo quisiera
hablarte y mi corazón me lo impide
no puedo expresarte lo que siento
pues estoy muy herido con tu amor.

Un amor que nunca llego de mi boca
no sale una frase mis lagrimas secas
sobre mi rostro tu mal amor las han
cristalizado.

Quiero gritar que te quiero y poder
explicarte que me haces falta y demostrarte
lo que siento de mis ojos solo brotan
lagrimas.

Amor que me hiciste en mis mejillas
bajan lagrimas que arden y reposan
en mis labios sedientos por un beso
tuyo.

Mi corazón por momentos deja de
palpitar estoy sintiendo el ahogo en
un mar de torbellinos de pasiones
aceleradas por tu amor

Déjame tenerte en mis sueños
amarte y adorarte eternamente no
quiero despertar mas. pues sin ti
amor moriría de soledad.

9-24-04

20.- Lagrimas Del Alma

Lloro por los demás, por mi no lloro me
apasiona cuando los demás logran sus
sueños y satisfacen su necesidad lloro
porque quiero lloro de felicidad.

Quiero expresar este pensamiento desde
lo más profundo de mi corazón es que
lloro de emoción cuando escucho
palpitar tu corazón.

Me sobra alma para quererte y corazón
para entregarte no lo destroces y mira en
lo más profundo de mi ser que el amor
así como nace se acaba.

Dame la dicha y el placer de sentirme
amado, no destroces mi corazón
mírame a los ojos y dime si en ellos
tu puedes leer.

Quisiera llorar por mi y no puedo no esta
en mi no puedo expresar mis sentimientos
prefiero sufrir en silencio pues de amor por
ti estoy muriendo.

Guarda para siempre estas palabras mientras
yo escribo lo que por ti siento por que llorar
no puedo, amor solo quiero que sepas que de
amor y en la soledad estoy muriendo.

2-14-12

21.- Te Recordaras de Mi

Aquel entonces mama cita linda te recordaras
de aquel que te quiso será un poco tarde
para revivir lo nuestro amor que quedo en el
olvido.

Hoy te digo sé que siempre te he querido
cuando veas mi retrato lloraras por mucho o
por un rato recuérdate de mi que yo siempre
me acuerdo de ti.

Mama cita linda porque me abandonaste me
dejaste triste y abandonado, no me dejes que
muero sin tu querer vuelve a mis brazos otra
vez bella mujer.

Vuelve que te enseñare a querer cuando quieras
cuando quieras regresar ya será un poco tarde
porque otros brazos me entregaran el amor que
tu no supiste darme.

Te entregue todo a ti y de la noche a la mañana
te fuiste sin regresar se que por ti estoy sufriendo
pero aprenderé a olvidar como tú lo hiciste
con migo.

3-4-12

22.- Cadena de Amor

Ando buscando en el campo una nena
ando buscando en el campo una flor
que me haga vibrar de amor ya los
tiempos han cambiado me e enamorado.

Una ingrata es la flor que en el campo
encontré desde que la vi me enamore
la conquistare y luego con ella me casare
una familia formare.

Con una linda rosa la más linda del edén
su nombre no lo sé espero no se sorprenda
cuando le tome la mano y me hinque a sus
pies le de una sortija.

Linda sonrisa que me enloquece, solo espero que
acepte ser mi mujer, si me dice que no
moriré pero dirá que si pues mi amor
ya todo se lo entregue.

En sus ojos veo que también se a enamorado
de este poeta apasionado que a su vida a
llegado y desde que la vio es el más fiel
y loco enamorado.

Amor dime que si pues eres hermosa
para mí una diosa del país de la eterna
primavera déjame amarte como nadie te a
amara como nunca has amado.

Te lo pide de rodillas este loco enamorado
que felicidad el anillo a aceptado solo queda
pendiente la fecha para estar para siempre a
tu lado gracias amor pues mi vida has cambiado.

07-04-12

23.- Bello Amanecer

El amanecer es como una fuente de inspiración
para darle a mi alma, quererte como te quiero
y embriagar mis sentimientos de pura armonía
respirar el aire puro de la mañana.

Embriagarme quiero de tu hermosura sabiéndote
mía y dándote el amor que tanto mereces, lucero
de mis días bello amanecer, aurora de la mañana
quiero sentir tus besos llenos de ternura y placer.

Tu perfume sin igual que me transporta al paraíso
aguas cálidas y saturadas de bellos paisajes
aguas silenciosas recorriendo todo mi cuerpo
aguas frías que embriagan por tu amor mi vida.

Tu encanto de mujer apasionada y llena de
virtudes resplandece mi alma llena de amor por ti
el amanecer no sería tan alagado mujer si
no amaneciera yo a tu lado.

3-29-12

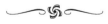

24.- Siempre en Mente

Quiero decirte en pocas palabras
lo que mi corazón siente por ti
y expresarte mis sentimientos desde el
momento que mis ojos te vieron.

Comprendí que eras todo para mi
tal vez tu no sientas lo mismo que yo
pero yo no dejo de pensar en ti, recuerdo el
día que te vi por vez primera.

Sentí desde el primer momento una
angustia, pues tú no te fijabas en mí
cuando pienso que estas con alguien me
siento morir.

Por favor no te olvides de mí, que yo
de ti nunca me olvidare, y aunque pasen los
años tú siempre estarás siempre en mi
mente y en mi corazón.

No me olvides no te alejes amor por favor
no me dejes, si lo haces este hombre morirá
en la más dura y fría soledad, por piedad
te pido no me mates con tu olvido.

040-4-12

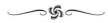

25.- Todo Quedo en el Olvido

Me equivoque contigo, pensé que eras de otra
manera al verte tan altanera y expresar palabras
hirientes me desorientaron por momentos pensé
que eras otra, persona la que me hablaba no la mujer.

Que le di toda mi confianza y me apoye en ella para
entablar una bonita amistad me desconecte de toda
cordura y quise también herirte como lo asías conmigo.

Pero mi razón pudo más que mi coraje y me desborde
en lagrimas, que ahora me arrepiento pues te distes
cuenta del corazón que yo tenía, era mejor que siguieras
creyendo que yo no tenía alma lo que tu pensaste.

Cuando me heriste tanto pero hoy mi corazón se dio
cuenta de algo que ya nunca podre mirarte como antes
lo asía ya mi amistad se acabo para siempre,
solo veras en mi una barra de hielo que ya no podrás.

Traspasar todo quedo en el olvido de una linda amistad
que se fue con el tiempo y solo quedo en el vació de mi
triste soledad.

01-05-10

26.- Páginas escritas

Eres fuente de inspiración que le distes a mi
mente el deseo de escribirte hoy te digo adiós
y quizás con esta despedida muera algo de mí
quiero que me recuerdes.

En estas páginas escritas que te hace este
servidor recuérdame aunque sea un poco
para que en el día de mañana puedas estar
presente en mi mente.

Y recordar las cosas bonitas que hemos vivido
juntos y quizás con esta despedida puedas
encontrar el amor de tu vida y solo recordar
esta amistad.

Que en tu vida jamás puedas encontrar pues
soy un ser especial que te ara recordar que
un día pase por tu camino y no te e podido
olvidar.

Dicen que en la vida el amor pasa una sola
vez y si esto es cierto no me dejes escapar y
brindemos ese amor antes que sea tarde y no
me dejes con esta angustia.

Y aunque sea déjame despedirme o si no de
déjame decirte adiós... mi vida...

1-15-10

27.- El Respeto

El amor es una cosa bonita que nace de la
noche a la mañana es una palabra es un decir
te quiero es la comprensión es el mutuo
respeto de la pareja.

El respeto que nos merecemos ambos es un
detalle, que se sierra con un beso cuando nos
despedimos, cuando nos levantamos, amar
y saber respetar.

Es tener los detalles del buen trato de ayudarnos
mutuamente en tomar decisiones de sabernos
amar pues si se comparten opiniones el amor
dura mas pero cuando se pierde el respeto.

En el amor se va perdiendo la confianza en nuestra
pareja ay que recordar que el amor es lo más bonito
que Dios hizo para que todos los seres humanos
pueden vivir en un mundo mejor cada día mas que
un poema es un mensaje.

01-10-10

28.- Mi Alma se quedo Vacía

Te fuiste de mi lado cuando mas yo te quería
dejando mi alma triste y vacía, yo sufro en
silencio tu despedida, dejaste en mi alma una
un triste soledad.

Me dejaste solo y sin ganas de vivir, no sé lo que
tu sientas pero yo triste estoy, cuando te dejan
sin un motivo, espero que el otro te de el amor
que yo te quise dar.

Espero que tu vida sea distinta pues yo no te deseo el
mal, solo espero que me recuerdes algún día cuando
tu vida sea distinta a la mía y encuentres al otro que
te abrace de noche y de día como yo lo hacía.

Espero que algún día te pueda olvidar para no
seguir sufriendo en silencio tu despedida, pues
mi alma se queda vacía si no te tengo a mi lado
vida mía ámame como me amaste aquel día.

05-04-12

29.- Piensa Un Momento

Te fuiste de mi lado cuando mas yo te quería
dejando un gran vacío en mi pobre corazón
espero que cuando te recuerdes de mi no sea
demasiado tarde.

Vivamos este amor aunque a veces la distancia
hace que uno se olvide, que no sea nuestro
caso amor pues muero por estar entre tus
brazos porque eres tú lo que yo mas amo.

A veces es mejor no enamorarse porque el
amor muchas veces hace daño, si piensas
destrozar un corazón aléjate antes y no hagas
daño porque es muy duro el desengaño.

No brindes falsas promesas, piensa un momento
que te puede pasar lo mismo, el amor se vive una
sola vez y es muy difícil encontrarlo y cuando
crees que lo encontraste se aleja.

Me pregunto, será que el amor existe, mejor
no sigo y vivo el momento hasta que se valla
porque después ya será un poco tarde, mejor
amor y lucho para que me ames.

05-24-12

30.- Sueño Inesperado

Un día cuando menos lo esperaba llego a mi vida
una sorpresa me quede sorprendido en la soledad
saliste de la nada y te siento a mi lado desde
el mismo instante.

Mi vida a cambiando mi camino otro rumbo a
tomado de ser un día desolado el más bonito y
alegre se a transformado, te amo amor mío ven
siéntate a mi lado.

Ven comparte tu amor con este hombre desolado
pues lo único que quiere es estar a tu lado, solo
pido un cariñoso abrazo y si se puede un rico
beso, nada me encantaría más que eso.

Sueño inesperado es que uno está con el ser amado
muchas veces e soñado pero nunca que estaba a tu
lado, es por eso que estoy tan emocionado, de ver
que ya te tengo y pienso que siempre estarás al lado
de este que tu mundo a cambiado.

05-06-12

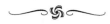

31.- Dedicado a Mi Padre

Quizá un día haga un poema, pero no como los demás
si no nacido del alma uno dedicado a mi padre que
medio mi ser, si será un poema pero nacido de mi
alma para un ser especial.

Padre mío a ti envío esta plegaria y no dejo de pensar en
ti, seguro estoy que a la diestra del señor estas sentado
y tu hijo amado, nunca te a olvidado, mándame tu
bendición y recibe estas palabras nacidas de mi corazón.

Fuiste padre ejemplar que le diste luz a mi vida, como tu
no abra padre igual, fuente de inspiración fue quererte
como te quiero y a ti mando siempre mis plegarias
recíbelas pues nacen de mi alma.

Soy tu hijo que aprecia lo bueno que fuiste como
padre, y el día que muera si existe la reencarnación
padre mío quiero volver a ser tu hijo, porque padre
solo hay uno y tú fuiste el mejor.

Bello, ejemplar le diste luz a mi vida, te recordare
siempre hasta que te vuelva a ver, de tus hijos fui
el más pequeño, padre mío no te imaginas cuanto
te extraño, bendíceme y te bendigo padre mío.

06-17-12

32.- Se me olvido

Olvidando todo mi pasado y pensando en el
presente quise entregarme a una pasión
inmensa pero fue inútil no despertó mi corazón
nada de ti.

Trate hasta lo imposible sentir
tus besos pero se me olvido querer se me
olvido el amor que estaba buscando se
se me olvido que tenía alma y tenia corazón.

Y ya no tengo la ilusión se me olvido que.
en este mundo estaba y que tú eras esa
ilusión que yo estaba buscando déjame que
vuelva a renacer.

Lo que a mí se me a olvidado enséñame a querer
y dame tu comprensión no me dejes vagando por
el mundo sin siquiera conocer lo bonito que tenia
que volver a aprender y es darte.

Lo que se me olvido que tenía que dar cariño
y por eso surgió la desilusión se me olvido
que el destino no me deja tener amor solo
en mi vida tengo la desilusión.

09-9-12

33.- Amar por siempre

El amor no es un instante ni una llamada ni
una aventura es querer con el alma y no olvidarse
de la persona, no es tratar de dar amor es darlo
sin condición es entregar todo.

Es la comprensión es el trato es tu manera especial
es decirse todos los días te amo, es siempre brindarse
la mano, es ser cariñoso es saber caminar a lado del
ser que amas, es dar todo a cambio de nada.

Por eso yo busco la mujer soñada para amarla y
respetarla como a ninguna el amor es algo inexplicable
pero qué lindo es amar y ser amado, creo que yo me
enamorado, de la mujer más bella.

Con la que siempre e soñado, entérate vida mía que
te amo como nadie te a amado si alguien la ve por ahí
díganle que la ando buscando es una chica especial,
tienes los ojos de mujer hermosa.

De mujer hermosa una sonrisa muy llamativa y un cuerpo
angelical llena de encanto, y siempre esta alegre se la
pasa en la nubes buscando mi amor díganle que la busco
que la necesito a mi lado para no dejarla escapar.

07-9-12

34.- Amada mía

Amada mía tu que me das la paz yo quiero
pasarme la vida llenándome todo de ti, voy
a escapar del mundo que yo vivía en la
amargura y de pronto me siento nuevo.

Y vuelvo a nacer y vivo ahora en la
abundancia de la vida, el fuego que me da
la vida y busco en tu rostro en mi mente
y siento tu presencia OH mi Dios.

Me llenas del alma la vida, tu estas y yo
vuelvo a nacer y cuando tu estas me lleno de
tu presencia celestial, tu eres el agua que me
da la vida, eres la musa que me ayuda.

Cada día te quiero mas y tu presencia me
transporta al mundo en el que vivimos
eres para mí como el manantial, tu presencia
me hace volver a querer vivir.

Dame de tu boca el éxtasis para volver a vivir
dame la frescura de tu cuerpo y en vuélveme
en tus brazos seductores, calma mi corazón
con un beso apasionado.

Y entrégame todo tu cuerpo para hacerte
sentir mujer, embriágame hasta la muerte
para a si nunca despertar y saber que
estuve contigo en el paraíso.

Y pude subir al cielo con tu cuerpo de una
diosa celestial, embriágame con tus caricias
y mata este fuego que me consume hazme
volver a nacer y dame por siempre la luz.

De tu sonrisa y estaré extasiado por siempre
de tu cuerpo angelical.

06-04-12

35.- Mi despedida

Quiero despedirme de ti, pero no sé cómo,
quiero decirte adiós y será para siempre ya
mi alma no puede más lo que no te puedo decir
en palabras te lo digo en escritura es triste.

No tener a nadie que tú puedas decirle lo que
tu piensas ni poder expresar lo que tú sientes
un ser a tu lado para poder soñar y esta noche
me quiero morir porque así me siento.

Yo se que tu no sientes lo Mismo que yo, se en
que tu vida nunca estaré pero no puedo dejar de
pensar en ti, mi mente se me va, tú no tienes la culpa
de que yo me sienta así, pero no lo puedo evitar.

La triste soledad que en mi vida esta, en el día me
la paso pensando en ti en la noche no puedo dormir,
solo espero que me valla pronto, pues mi vida
destruida esta.

Ya no tengo nada en esta vida, solo me queda el
despertar y ver que el día se va, ya no quiero esperar
la noche ni que pasen los días solo quiero que llegue
el fin de mis días.

Para poder descansar en paz y despedirme de este
mundo que ya no pertenezco solo me queda despedirme
de ti y como no puedo decírtelo en palabras te lo digo
en estas letras.

Espero que un día puedas leer las para que sepas lo mucho
que te quise y que hasta que de mi último suspiro estarás en
mi mente y espero que pueda descansar en paz el día
que me valla.

8-1-12

36.- *Mundo perdido*

Ya no sé si te pueda escribir un poema ya no sé
si te pueda decir lo que siento, cada día que pasa
mi mente me camina más, en el día te pienso
mucho y en la noche no puedo dormir hay veces
que no quiero despertar

Para no tener que vivir la realidad soy como un
barco que va a la deriva solo con mi soledad, dime que
ha pasado para comprender que pasa dentro de mi
en este mundo caprichoso, que solo existe la vanidad
mis días se hace más largos y no deje de pensar en ti.

Sera que ya no me quieres, o es que yo no vivo la
realidad, ayúdame a pensar no me dejes sufrir solo
este tormento que cada día me abruma mas y si no
es así aléjate para siempre para yo poderte olvidar.

Cada vez que te veo se despierta en mí este inmenso
amor que por ti siento y mi alma y mi corazón lloran de
pena al saber que tú no me quieres, que solo te doy pena
y no me lo quieres decir, busca en otros brazos.

La verdad y cuando la descubras se que ya será tarde
porque yo comprendí lo que tu sentías por mí, en este
mundo pasan tantas cosas que una de ellas es el amor
que existe en muchas personas, pero no lo saben apreciar.
que no todo es el dinero ni la buena vida ni lo material
que cuando nos vallemos no lo podemos llevar.

07-9-12

37.- Sueños rotos

Soñar, soñar despierto hasta el camino de
encontrarte, vivir lo nuestro sin que quede nada
por dentro, que pueda mirar al infinito y llegar
contigo al paraíso por el camino correcto.

Donde no pueda despertar y saber que
allí me estarás esperando, porque yo sin ti no puedo
vivir, caminar contigo por las nubes y sentirme amado
como yo lo estoy contigo.

Nunca pensé que me fuera a enamorar y que el amor
me hiciera tanto daño, si no es correspondido déjame
no despertar y seguir soñando para no caerme al vacío
y así no ver la realidad.

De un amor que no tiene el fin de un corazón que
ya está roto antes de despertar, déjame seguir en
las tinieblas de este amor sin fin, rómpeme el corazón
de tanto pensar en ti siempre que estas en mí mente.

Es un martirio y un loco deseo de escapar de
perderme en el vacío de este amor incomprendido y
lejos de la realidad, lloro en el silencio de no comprender
quizás como las demás personas que no saben amar.

Y pueden salir adelante en mi mente quisiera poder
olvidar este amor que me consume y ya no lo puedo
evitar en verdad no puedo, es tanto el amor que te
tengo que no lo quiero dejar.

7-11-12

38.- *Mi confesión*

*Aquí estoy sentado frente a ti para de sirte cuanto
te quiero quiero que me escuches en silencio hasta
que yo termine de hablar, escucha esta confección que
voy a serte de corazón.*

*Me enamore de ti sinceramente voy a darte mi corazón
recíbelo ahora que lo pongo en tus manos, no lo tires
ni lo destroces mira que es un corazón que aun esta
débil de tanto sufrir.*

*Cuídalo como un niño y dale tu amor no lo abandones
que es una joya, que en tus manos entrego sin condición
ya termine de decir mi secreto, ahora todo depende de ti
si quieres aceptar mi corazón.*

*Quiero una feliz contestación para que estemos los
dos unidos y mi corazón y el tuyo es una en uno solo
y saberte mía para siempre, sin ninguna adversidad
que nos separe y sin condición.*

*He esperado tanto este día que muero de emoción,
solo dime que si mi amor y entrégame para siempre
tu corazón, sigo esperando tu contestación, sonríes te
quedas callada siento una dulce sensación.*

*Me miras a los ojos, una lágrima recorre tu rostro
tomo tu mano te doy un abrazo te recuestas en mi
hombro me das un beso apasionado, amor abrázame
mas fuerte y no te alejes de mi lado, estoy feliz
ahora que el amor por fin e encontrado en ti.*

07-11-12

39.- Calor por ti

Yo que en el amor no creía, yo que ya el amor lo
maldecía hoy lo bendigo y lo añoro porque el
amor ha vuelto a mí, mi amor ahora es como
una caricia es como el perfume.

De las rosas es como un sol abrazador que me
quema el corazón, amor que llegaste a mí como
una llama ardiente, nunca te apagues porque sin
ti ya no podré vivir.

Eres un rayo de sol que un día de verano queremos
todo a su paso sin dejar huellas, sin dejar un rostro hoy
te bendigo amor y quiero que perdures que nunca te
vayas de mí y me abraces.

Con tu calor y que este amor salvaje y loco nos traiga
toda la pasión que siento por ti !! ay amor!! Embriágame
con tu pasión loca y bríndame tu corazón devuélveme
la alegría

A este ya marchitado corazón dame el calor de tu
cuerpo y déjame sentir tus besos y júrame ante el altar
que siempre serás mía y que juntos formemos un amor
para toda la vida.

07-11-12

40.- Poema que nace del alma

Quise escribirte un poema pero mi mente esta
en blanco trato de recordar tu cara y busco en
mi mente tu nombre pero no recuerdo nada en
la soledad de mi cuarto.

Y las noches pasadas los días que pasan
lentamente y esta soledad de mi cuarto y las
noches pasadas y los días pasan lentamente
y esta soledad que embarga.

Mi alma es mejor no recordar nada y dejar que
el tiempo siga pasando y esperar que me pueda
ir lo más pronto posible de esta vida tan llena de
recuerdos.

Recuerdos que ya no están en mi mente que
todo en esta vida se va, los bellos momentos
y a la fatalidad y todo aquello que un día
estuvimos.

Pero que no podemos llevarnos que se queda
solo en el recuerdo de las personas que quedan
en este mundo, pero que un día como yo también
la olvidaran y la cadena seguirá.

De generación en cada uno de los seres humanos
que Compartimos este planeta, lleno de sabiduría
y quizás alguien como yo trate de recordar el
poema que nunca te pude mandar.

7-31-12

41.- *Despedida*

Hoy te llamo para decirte adiós no quiero
seguir siendo un estorbo en tu camino no
seré más la pesadilla que nubla tu destino
yo tratare de abrirme paso en la vida.

Si lo consigo será una dicha para mí pero
si el destino se interpone, prefiero seguir siendo
el humilde y triste oveja negra, que un día conociste
por eso hoy te digo adiós.

Y si algún día te encontrara en mi camino hazle
de cuenta que nunca me conociste y que no
sabes quién soy yo, adiós para siempre y se feliz
que tu mundo sea contigo.

Un fiel testigo de tu dicha y felicidad y
que sean muchos pero muchos años más tus éxitos
y tus glorias y que nunca, nunca te recuerdes de mí,
pues yo nunca me recordare.

De ti. Amor mío pues un día fui tu más fiel
admirador y llego la hora de decirnos adiós
y este adiós será para siempre aunque nunca
me olvidare de ti.

7-31-12

42.- Mi angelita

Sabes tus labios apasionados tus ojos hechiceros
tu figura in fragante sabes eres espectacular, en aquel
momento me volví loco de amor por ti aquel día que te
conocí tu sonrisa.

Encantadora tus sueños tu historia indiscutible mente me
me enamore de ti, cada segundo a tu lado cada hora me
parecieron cortas fue un día muy especial, si pudiera
detener el tiempo.

Y estar siempre junto a ti definitivamente dejaría todo
por ti, porque te quedaras para siempre a mi lado y si
algún día o en algún momento te fallara te pido perdón
de la única forma.

Que se abrieran las puertas de tu corazón, para cuando
de sidas volver y donde quieras que te encuentres nunca
me olvides, que yo siempre te recordare aunque pasen los
años estarás.

Siempre en mi mente y en mi corazón hasta que me perdones
por haberme ido tan lejos destrozando tu corazón, sabiendo que
sé que tú me quieres aunque no me lo hayas dicho lo presiento
por eso te pido perdón.

7-31-12

43.- El despertar de cada día

Se acerca el fin del mundo y con el mi tristeza
en realidad no es el fin del mundo Sino el fin de
nuestra vida, que se aleja de la tierra por que
llego el momento de la despedida, el amor va

Cogido de la mano del Ser amado, y las vidas se van
a veces sin decir adiós, por eso mientras estemos en
este mundo, vivamos el presente, olvidemos el pasado
vivamos la realidad de saber que estamos aun.

En este mundo, que no durara para siempre, no
perdamos el momento de decir cuánto nos queremos
y vivir cada día el momento del placer, de darnos un
beso de acariciarnos hasta la eternidad.

Querer es saber querer, es dar la vida misma, es el no
mirar cada objeto o mirar al infinito, mirar cada espacio
que nos rodea, y no querer estar en esta vida por
eso si no existe el amor la vida no vale nada ni el

Universo ni la tierra que pisamos no nos importa, por mi
amor dame ese valor de querer seguir viviendo el día y
la noche, el despertar de cada día mirarte a los ojos y
decirte cuanto te quiero, hasta que esta vida se acabe
para siempre.

6-3-12

44.- *Feliz día de las madres*

*Hoy por ser día de las madres felicitaciones les vengo a dar
bien aventurados aquellos que la tienen y que pueden estar
con ellas, en este gran día para ti. !! Madre Querida !! te tengo una
flor y un mensaje muy hermoso.*

*Que. Dios me dio para ti mujer madre hija esposa, todos
los atributos que. Dios puso en ti mujer de dar amor
cariño y entregarse toda madre venerada y abnegada con sus
hijos, fiel y dedicada al hogar y dar todo a cambio de nada.*

*Tener en su vientre a sus hijos por 9 meses pasar por los
dolores y ala ves sufrir en silencio y abnegadas hasta el
cansancio, por eso este mas que un poema es un mensaje
para que nosotros los hombres.*

*Aprendamos a valorar a la mujer, aquella que nos dio el ser
a nosotros los hombres por eso feliz día para todas las madres
del mundo en su día y en el resto de los días presentes, hasta
que aprendamos A valorar lo más hermoso.*

Que Dios hizo!!! A ti madre mía!!!

5-10-12

45.- Piensa un momento

Te fuiste de mi lado cuando mas yo te quería
dejando un gran vació en mi pobre corazón espero
que un día te recuerdes de mi y entonces será un
poco tarde para revivir este amor.

Pues a veces la distancia hace que uno olvide lo que
vivió por eso es mejor no enamorarse pues el amor
hace daño y se destroza un corazón aléjate antes de
enamorarte y no perjudiques a nadie.

Y no le brindes falsas promesas a la otra persona
piensa un momento que te puede pasar lo mismo y
serás tú la culpable de lo que puede pasar, el amor debe
de ser verdadero sin engaño ni hipocresía.

Amor es dar todo a cambio de nada es abrir las
manos y dar un abrazo sincero es dar el apoyo en
todo momento es ayudar a su pareja en las buenas y
en las malas es querer para toda la vida.

Que no exista el engaño en ningún momento es querer
como yo a ti te quiero y pienso en ti en todo momento es dar
amor para recibir amor es buscar el momento de decir con
una sola palabra te amo.

6-4-12

46.- El Adiós

*Hoy te digo adiós y no es una despedida es un
loco deseo de escapar de algo que llevo
aquí dentro quizás con esta despedida muera
algo dentro de mí.*

*Te amo pero tengo que alejarme porque
no me has comprendido quizás un día
cuando ya no me pienses veras que todo
era una Mentira.*

*Que el amor nace y también se muere que
nadie en esta vida ama para siempre solo es
una vanidad lo que tenemos por dentro por eso
hoy te digo adiós y es para siempre. Espero*

*Que con esta despedida me aprendas a valorar
que sabes que te e amado siempre pero ya te
tengo que olvidar te quiero demasiado pero
tengo un dolor muy profundo en mi pecho.*

*Y es la parte de la comprensión que tu no me
sabes dar me hubiera gustado morir en tus brazos
y nunca despertar para no sufrir esta despedida
que no la puedo olvidar.*

07-16-12

47.- *Cuando me valla*

El que te acaricia con la brisa el que te calienta con el
sol, el que te da aire para que respires, el que rodea con
amor, el que te acepta como eres, el que no te juzga por
tu decisión, el que ríe en tu felicidad.

El que llora en tu dolor, el que nada te pide, el que
te entrego su corazón, el que nunca te traiciona, el
que conoce tu valor, no sé si soy yo pero sé que te
puedo dar amor, y te prometo que no te juzgaré.

Ni en las buenas ni en las malas ay siempre estaré
te brindare mi apoyo hasta el final, si ese seré yo, no
aquel que te traiciono, si no este que tú acabas de ver
a la diestra del señor, te brindare noches.

Enteras hasta que llegue el final que será el día
que dios me diga para irme de tu lado, y estaré sentado
contigo, el día que tu también te vayas alas diestra del
señor y si en verdad tú me amas.

Dame tu comprensión.

6-5-12

48.- *Noche de amor*

La noche tendió su manto en las aguas silenciosas
y un caudal de peses que en su aguas navegaba solo
se oía el rugir del viento como si hablara presagiando
males tempestuosos.

Que ya a la lejanía se acercaban lentamente como
anunciando que no tardaba en llegar, afuera el caudal
del río crecía y el miedo en las almas presentía
lo que iba a pasar, la mente de mi amada.

Se estremecía y entre sollozos y algarabía me decía
amor que está pasando, acaso se acerca una tempestad
o es la mente mía. Él, le dice para apaciguar sus penas
nada amor solo es un mar presagio.

Que está pasando, cobijarte en mis brazos yo te daré
a fuerza de besos y de caricias la paz que tu andas
buscando, no te atormentes y entrégate a la pasión mía y
te are olvidar esta noche fría.

Te calentare tu cuerpo y te daré una pasión inmensa
hasta que todo se valla y ya no sientas nada, solo este
amor que te estoy dando que te hará olvidar esta noche fría.

7-1-12

49.- Mujer vanidosa

Aguas embravecidas tempestad en mi alma el tictac
del reloj y la fría mañana y yo esperando tú llamada,
mis días se asen más largos las noches intensas y tu
frío modo de ser con tu vanidad de mujer.

Sin tener un bello sentimiento, que despierte en mi algo
por ti, solo penumbras que me asen recordar tu manera
de ser tan fría y sin corazón, sin un poco de cariño
siquiera solo tu vanidad de mujer.

Te hace pensar que algún día alguien te pueda querer
solo en una mente como la tuya, podrá pensar que el amor
es algo más que una frase bonita, solo cuando te la imaginas
o cuando no tienes nada que hacer.

Solo pensar en tu bello cuerpo que solo tú te lo puedes creer
porque nadie en esta vida algún día te podrá en realidad
mirar solo para darte los buenos días y hacerte
creer que significas algo en su vida.

Solo para acerté creer el que tú eres la única que existe
en el mundo, para calmar tu vanidad de mujer, que solo
eres un témpano de hielo que nadie puede en realidad
querer.

7-2-12

50.- Este adiós

Despedida que me está matando tú te vas yo me
quedo te llevas de mi vida lo más preciado
solo pido a Dios que el que este a tu lado te de
lo que yo no te e dado.

Una señal del destino siempre pregunto si alguien
te vio en el camino, y se va como todo se va
como el agua del río hacia el mar, perdóname
amor mío.

La soledad en mi interior, ese silencio entre tú y
yo es el resultado de este adiós provocado por un
mal amor que a mi camino un día llego, aunque
ahora me arrepiento de no haber luchado.

Por el ser que mas e amado, solo y abandonado
soñando que un día estarás a mi lado, aunque
el destino se halla ensañado por alejarme de tu
lado.

Recuerda amor no olvides por favor que en la
vida yo soy el ser que más te a amado, a si se
despide un ser eternamente enamorado de la persona
que en el mundo más a amado.

7-13-12

51.- El amor

Quiere que te llene de besos o de caricias quieres ser
parte de mi o quieres que me vaya me dejas saber para
marcharme de tu lado, si de verdad tu quieres podrás en
el tiempo que te quedes sola.

Buscar en tu mente y que quieres con tu vida el amor
a veces hace daño, pero es imposible apartarlo de ti y
jamás cuando tú quieras a esa persona, no me juzgues
por quererte tanto.

No todas las personas saben querer yo te quiero con el
el alma y con mi vida entera a caso tu me quieres igual en
el tiempo que tú me conoces te e dado cariño y te e sabido
tratar no todo el mundo sabe tratar a una mujer.

Y creo que para ti sea especial que te trate con el amor
que solo yo te puedo dar a base de cariño y comprensión
no solo te doy caricias también te doy mi amor te doy
la comprensión.

Te doy la mano cuando la necesitas te llevo flores te doy el trato que
que nadie te a dado y te llevo a todas partes te doy el
amor que en tu familia no tienes, te alejas de mi te miro de frente
no te doy la espalda, ni en las buenas ni en las malas.

Te e dejado de buscar acaso, abra amor igual dime que en
realidad tú buscas y si no te convence mi trato, me alejo
de ti porque tampoco estaré a tu lado si no sientes lo mismo
que yo, este amor que me ahoga y ya no lo puedo olvidar.

7-20-12

52.- Lluvia

No hay más emoción que ver la lluvia caer sentir en todo tu
cuerpo la brisa de una noche tibia que con el manto de la
lluvia hace más emocionante la noche el caer constante de
la lluvia tiene un embrujo.

Que todo tu cuerpo se extrémese cuando la lluvia aparece
lluvia silenciosa y a veces intensa apasiona los corazones
para en esos momentos querer sentir a tu amada a tu lado
para brindarle la cobija de tu cuerpo.

Y el calor para estremecer su cuerpo lluvia constante pasión inmensa.
tus latidos se asen mas inmenso cobíjame con tu cuerpo dame
tu calor hazme estremecer hasta que se apague el frío de mi cuerpo
siénteme en tu vida como si fuera la lluvia.

Dame esa agua que calma mi sed embriagarme con tus caricias
hazme sentirme tuyo hasta el amanecer y si caen los truenos
te are sentir mujer para que grites con tus encantos de mujer no
hay mejor amor que él se hace en los tiempos de lluvia

Y cuando cae la noche que te transporta al paraíso de las
noche de lluvia y cuando tu estas con tu pareja pero que
en verdad el amor exista que no sea de solo una noche
de placer.

7-22-12

53.- Calor inmenso

Calores inmensos que encienden mi pasión ardiente
por ti y ase que este fuego consuma llamas inmensas
que me hacen vibrar de un inmenso amor que ni el viento
consume estas llamaradas que no se apagaran jamás.

Dame el fuego de tus encantos apasionados consume
en tu boca esta pasión que no me deja vivir hazme tuyo
para siempre bríndame tu calor y mátame con tu pasión
consume todo mi cuerpo.

Hasta que no quede ni una fibra de mí para saber que
consumí toda la pasión y la tuya en la caldera de tu cuerpo
escultural mátame con la pasión que en ti habita como mujer
ardiente que eres y que nunca se apagué.

La llama que nos consume y que nunca alga en la vida un
amor como el tuyo y el mío para tenerte conmigo hasta
la eternidad de nuestras vidas y que solo queden las cenizas
y que las tiren al mar para que se vallan.

A la profundidad y se pierdan en lo profundo del mar para
que nadie copie ni tu alma ni la mía que sea un amor que se
quede en las llamas de la humanidad con solo ver tu nombre
y el mío gravado para siempre en las llamas de toda la humanidad.

7-16-12

54.- Corazón enamorado

Como todo lo que un día empieza un día tiene que terminar
un día te conocí y me enamore de ti me hiciste tantas promesas
y me distes tantos abrazos y tus besos me hicieron llorar aquel
día que fui a tu casa y dejaste por error la puerta abierta.

No quiero recordar pues tus palabras que tu decías no eran las
que siempre me dijiste a mí, hablabas con otro y expresabas
tu amor y tus promesas, cuando me conociste me engañaste
destrozaste mi vida y partiste en dos mi corazón.

Todo era un juego para ti yo solo era una posibilidad de
mejorar tu vida para luego alejarme de ti cuando llegue a
tu vida todo era felicidad ahora que te vas me marcho y
te quedas con esa persona que llego a tu vida.

Pero que nunca será como yo que te entregue mi vida
a veces un amor es difícil si no hay la comprensión
pero ay que saber perder y volver a empezar corre
a los brazos de el y enamórate sin pensar.

Suspira e ilusiónate porque un día el verdadero amor me dará
la felicidad y me llenara el corazón que de ti estaba enamorado
eso creí pero todo era una ilusión de un corazón que se equivoco
de otro corazón.

6-12-12

55.- *Poeta Solitario*

Caminando por las calles desoladas, al poeta
solitario encontraste, con su rostro alegre
su mirada fija al cielo, en sus labios se dibuja
una sonrisa.

De pronto en mi rostro una lagrima veo caer,
que me pasa me dije yo al poeta, que me pasa,
te debo decir, es que veo en el cielo el
rostro de la mujer que más quiero.

Mi amiga, mi novia, mi esposa a caso? Mi madre
la más bella, la diosa, la novia, la esposa la mas
linda rosa del jardín del edén, y en la nube de
al lado veo el rostro de mi hermano dibujado.

Mi mano les e brindado, mas no la han tomado el
motivo no lo sé. Seré poeta que mis libros te han
apasionado nuestras vidas han cambiado, escribo
en cada estrofa mi memoria.

Cambio nuestro infierno en gloria. Intenso,
inmenso, tierno, dulce, incomparable sigo
escribiendo mis poemas. Soy el poeta solitario y
apasionado.

6-11-12

56.- Noches de Copas

Tu en tu mesa, yo en la mía, a tu lado
una chica, en la mía una amiga, me
provocas me alocas, te provoco te
aloco.

Ella te exige cambiarte de mesa, más
tengo todo planeado, que se moleste
y se aleje, para sentarme a tu lado,
creo que mi plan a funcionado.

A las 11:30 p.m ella se enoja, se molesta
y se aleja, a las 12:00 p.m ya estoy entre
sus brazos, posiblemente mañana de mi
no te acuerdes.

Y regreses a su lado, mas no me importa
regresare a las noches de copa a las
noches locas a buscar otro tonta y loca
enamorada.

Si me ven con ella, en las noches de copa
en las noches locas, sabrán que me he
enamorado, cuando ya no regrese, entérense
que el amor por fin a mi vida a llegado.

6-12-12

57.- Tu Traición

Tenemos que hablar de la situación, traigo
un pesar en mi corazón, es a cerca de un
poco, a cerca de todo cuando estas a su
lado yo me incomodo.

Ella es mi mejor amiga, mas no sabe, que
estas con ella por los días, pero las noches
son realmente mías, que no te apene
corazón, ella solo es la madre de tus hijos.

Tú eres mi vida, mentiras, mentiras y mas
mentiras. A ella la engañas a mi me mientes,
serán tus ojos, será tu boca, será la forma en
que nos tocas.

Entiende cuando estoy a tu lado, tú me
transformas, canto al karaoke, tomo
una copa, bailo una balada, amor tu me
transformas.

Si ella muriera, yo la extrañaría, pero
sin ti amor yo moriría. Te amo tanto
que quiero estar contigo el resto de
mi vida, con el perdón de mi amiga.

7-1-12

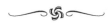

58.- Dos Poetas

Estaba el bohemio sentado en una
mesa, de pronto vio a una hermosa
poeta, sus ojos se hechizaron al
mirarse.

El no se atrevió a hablarle, alzó su
mano y ella lo observo, se acercó a
su mesa y un beso le robo, !Oiga
atrevido que rico beso me dio!

Soy una poeta, que a este pueblo
llego, en busca de un bohemio,
él le contesto!creo que ya lo encontró!
yo soy el poeta solitario.

Que a su vida hoy llego, soy un poeta
apasionado, que en el amor nunca
creyó, pues yo le hare creer hermoso
poeta y una sonrisa ella le brindo.

Creo que el destino la vida nos cambio
un bohemio solitario, una poeta apasionada
que en el amor nunca creyó, se toman
de la mano e inician una linda relación.

6-11-12

59.- María Celeste

Eres luz radiante que alumbra nuestros senderos,
como el sol que ilumina nuestras vidas
con tu semblante, tu cuerpo de diosa con tu
sonrisa tan hermosa, eres la más linda rosa.

Te veo en las noches, te sueño en los días
eres parte de nuestras vidas
las estrellas se quedan cortas a tu paso,
lindo regazo, es tu sonrisa la más linda y atrevida.

Admiro tu hermosura, la sensualidad se apodera
de ti, la felicidad nos envuelve a todos,
desde el primer día que te vimos nos hechizaste
y te apoderaste de nuestro diario vivir.

Solo te pido nunca nos dejes, pues ya nada sería lo
mismo sin ti, es tu hablar tan celestial, transformas
las más difíciles situaciones con tu voz angelical,
conviertes el infierno en gloria,
te seguiré hasta la muerte.

Pues prefiero la muerte y verte
que la vida sin tenerte, solo te pido una
sonrisa hermosa y tierna de lindo caminar
maría Celeste Araras.

6-21-12

60.- *Vidas marcadas*

Mi vida sigue marcando etapas que se van esfumando días fugases
que van pasando lentamente y en cada uno de ellos me dejan en mí
vida experiencias insospechadas que no me las esperaba en este
mundo nunca aprendemos a conocer las demás personas.

Es bien difícil creer si te dicen la verdad o es una mentira el
mundo va corriendo cada día más se va la vida y la humanidad
se acaba los días y las noches ya se asen iguales en constante vivir
sin esperar el mañana si te enamoras sufres y si no lo haces también.

Sufres porque la soledad es mala pero las etapas marcan una
vida llenas de incertidumbre, si pudiera detener el tiempo
nunca dejaría al amor de mi vida, porque me siento tan solo
la soledad me atrapa.

Triste soledad que cada día de a poco me mata, donde estas
amor, que te estoy buscando, dime cuando piensas regresar
a mis brazos, que tengo el corazón hecho pedazos, muero
por estar otra vez a tu lado y entregarte este corazón apasionado.

7-5-12

61.- La Familia

La familia es lo más importante en nuestras
vidas, recuerdo a mis padres y a mis hermanos,
lindos tiempos cuando todos en la mesa
nos juntábamos.

Ahora muero por verlos, juntos de nuevo, aunque
la familia es más grande cada día, a si también
en la mesa de mis padres hay más sillas vacías, cada año
temo de perder a un miembro de mi familia otra vez.

Mas le pido a Dios que no vuelva a suceder, e sufrido
cada pérdida, que ya me canse de perder, ahora
solo quiero ver a mi familia unida otra vez, a mis
hermanos, sobrinos y tíos.

Mis padres en el cielo ya están, mis hermanos
queridos algunos todavía están vivos, pero otros
al cielo ya han ido, sus nietos y esposas y esposos
solos van quedando dime Dios mío hasta cuándo.

Que ya no puedo más, te ruego por todos los
miembros de mi familia que en el cielo ya están,
bendícelos a todos, y a los que en la tierra estamos
no nos desampares y únenos cada día más.

6-13-12

62.- Dulce Amor de Mi Vida

El día que supe que llegabas, fue el momento
más hermoso de mi vida, te pensaba por las
noches te soñaba por los días, de repente te
marchas sin explicación alguna.

Dejando un vacío en mi cuerpo en mi alma
y en tu cuna, regresa hijo mío, regresa a
mi vientre, regresa te pido, que muero por
verte, hijo muero por tenerte.

Si me ven tomando una copa, no les asombre,
entérense todos que es su ausencia la que
lo provoca, tan solo pienso en cada momento
que te sentía a mi lado.

Tu ausencia me entristece y hay momentos que
siento que me enloquece, solo me mantiene
viva la fe, de tenerte en mis brazos otra vez,
para amarte como te lo mereces.

Cuando ese día llegue, correrás a mis brazos
me dirás ¡Mamita! Te diré mi ¡Bebe! Te llenare
de besos y abrazos, hijo mío juntos para
siempre esta vez.

6-15-12

63.- Amor por siempre

Cuando leas este poema ya no estaré en tu vida tampoco
en los demás, me abre ido lejos donde ya no regresare, estará
en estas páginas escritas como un poema mas pero cuando
tu lo leas se que lloraras, pues en tu vida estuve.

Y no me supiste valorar, dicen que con los años se olvida todo
pero sé que no es verdad, el paso de cada uno de nosotros en
esta vida sabrá marcar algo en cada ser humano, a veces es
difícil olvidar aunque pasen los año.

Y el curso de nosotros tome otros rumbos siempre en nuestras
mentes todo quedara, y si algún día por pura casualidad le es
este poema recuerda siempre que no te pude olvidar, por eso
es que quiero dejar gravado para siempre.

En estas páginas escritas todo el amor que te quise dar, y tu
por quizás la ignorancia o el querer alcanzar algo más de lo
debido te quisiste marchar, y espero hayas sido feliz y si nunca me
quisiste fue mejor para ti pues llevaste en tu vida la felicidad.

No soy una persona egoísta que piensa solo en mi porque si así
fuera no te hubiera querido como yo te quise, porque el amor no
es egoísta y el verdadero es saber dar todo a cambio de nada,
pero si sentiste algo por mi búscame en la tumba mía.

Se que la encontrarás porque el solitario siempre estará, llévame
algunas palabras escritas no me lleves flores y si lo haces bésalas,
pero tan solo una, para que nadie me robe los besos que me
dejas que son para mí.

6-12-12

64.- Lejos de ti

Adiós, adiós me voy lejos bien lejos adonde tu no me
encuentres jamás, me voy y me llevare solo el recuerdo
de las noches pasadas, espero que un día no me extrañes
por los momentos aquellos que contigo pase.

Tú serás la culpable de esta despedida que tu con tus
cosas tiraste al abandono de los momentos aquellos
que contigo pase, recuérdame y no me olvides y no
destroces mas mi corazón me llevare solo tus besos.

Que un día me distes llena de pasión, recuérdame por siempre
y no me olvides que yo de ti nunca me olvidare, y si algún día
te cruzas en mi camino tratare de no mirarte pues la nostalgia
me invadirá, pues para mi tu amor nunca lo olvidare.

Serás en mi vida por siempre la mas preferida, aunque tu hayas
sido la causante de nuestro amor roto, tú serás por siempre
mi amor eterno el que nunca se olvida, pues no es fácil para
mí ser como las demás personas.

Que se olvidan del verdadero amor, se que lo años me harán
seguir mi camino pero de tu amor ese no lo olvidare estarás
siempre en mi corazón y en mi mente, hoy te digo adiós porque
me marcho lejos bien lejos para seguir mi camino y recuerda
que nunca te olvidare.

6-10-12

65.- Mi Vida Eres Tu

Mi vida eres tú, amor solamente tú, solo dame
la oportunidad de podértelo demostrar, pues
de ti me enamoro cada día mas y mas, dime
que me hiciste que no te puedo olvidar.

Eres un ser angelical, que se a robado todo de
mi hasta la sonrisa que de mis labios brotaban
cada día ahora que te conozco a ti a cambiando
mi vida pues mi sonrisa desapareció

Y llego la nostalgia y la tristeza, pues ya me
entere que mi amor no te interesa y eso me hace
sentir como un desalmado, que lo único que te
a dado es amor y tu lo has rechazado.

Si me quieres aunque sea un poquito quédate
desde hoy a mi lado pura demostrarte que en
verdad estoy enamorado, y así pueda entregarte
este corazón tonto pero enamorado.

Tus amigos me dicen que ya andas con otro más
no me importa porque en verdad te amo, solo
dime que me quieres y te llenare de besos y abrazos
para que te enteres que nadie como yo te a amado.

7-17-12

66.- La Distancia

Dicen que la distancia es difícil, mas yo no concibo esa razón creo que difícil es la soledad, cuando no tienes a nadie en tu vida amas a alguien a la distancia, tienes la Ilusión de algún día volverla a ver.

En soledad sin embargo no tienes ninguna esperanza ninguna ilusión, no tienes a nadie y nunca nadie por ti vendrá y tú no tienes por quien luchar por eso yo quisiera amar a alguien a la distancia.

Para tener por quien suspirar para dejar de estar muriendo y pensando en esta triste soledad, soledad que cada día a muchos mata por no saber pensar, porque es mejor un mal amor o una vana ilusión.

Que no tener a quien amar y si algún día en mi camino te cruzas te juro que no te dejare escapar pues pues esta soledad cada día me atormenta más y me haces falta tú para tener al verdadero amor.

A esa persona por quien luchar y esta distancia que nos separa algún día no será igual y estarás conmigo para siempre y no te dejare escapar para estar unidos hasta la eternidad.

7-16-12

67.- Bonito Despertar

*Me caí de la nube que andaba pues en mis sueños me
transportaba hacia ella me desperté llorando al ver que
a mi lado no estabas solo fue un sueño que no podré
cumplir en el siempre estas a mi lado.*

*Y me despierto a la realidad de saber que conmigo nunca
estas solo en mis sueños pero el despertar más me
recuerdos al ver que no eran la realidad, si en mis sueños me
quedara para mí sería mejor.*

*Porque en ellos siempre estas no me dejes más esta
agonía y este terrible despertar, mátame en mis sueños
y no me dejes despertar ya no quiero vivir la triste realidad
no seas cruel conmigo.*

*No te fijas que te amo de verdad no me mates con tu indiferencia
has de mi mundo la realidad, te prometo que te seré fiel hasta
el fin de mis días y contigo siempre estaré en las buenas y en
las malas y te are todos tus sueños una realidad.*

Sé que eres una mujer caprichosa y llena de un vacío inmenso
y piensas que todos los hombres somos iguales que nadie
te ara feliz, si me dejas estar a tu lado y demostrarte como soy
yo amor te prometo y lo cumpliré que si no te hago feliz.

Te dejare una nota escrita y firmada por mí, que seré tuyo hasta
mi muerte y si no lo cumplo te puedes quedar con todos mis bienes
y en la nota hago contar que en mi otro sueño no me dejes despertar
que me mates a balazos y no serás la culpable.

Porque así fue que yo lo pedí que fue con mi consentimiento que
lo tuviste que hacer por ser un ingrato y no saber respetar a la
mujer más bonita que Dios me ha mandado para llevarme al paraíso
de un lindo despertar.

7-6-12

68.- *Poeta solitario y apasionado*

Una puerta se mi cerrada las cortinas ensambladas
luces apagadas y en mi cama fría mi mirada hechizada
tengo la tristeza reflejada en mi mirada me apasionan
tus ojos tiernos.

Cada vez camino más lento como perdonando el
tiempo tu sonrisa incomparada a un tengo tu
figura gravada cuando me siento a escribir y a marcar
por el mundo mis pasos.

Dejándoles un legado de escritor y poeta solitario y
apasionado, me has enseñado que al mundo muchos
han llegado, unos sufren otros gozan aunque la vida
con migo se ha ensañado.

Escribo que mis manos no me han abandonado
pues ellas saben que es lo que más e anhelado dejar en
mis libros mi historia mi vida para ti de tu
poeta solitario y apasionado

7-11-12

69.- *Quiéreme como yo a ti*

Qué tristeza siento en mi alma al saberme tan solo y triste dicen.
Que la soledad es mala y más cuando se está solo sin nadie.
Que te quiera sin una persona que te brinde amor sin una persona.
Que te de la compañía y eso está en mi vida la soledad.

Que siempre e conocido la vida que e tenido que vivir sin.
Que haya nadie a tu lado sin esa persona que te brinde.
Quererte sin una condición sin que te desprecie que aiga.
Cariño ese amor que te de la felicidad y te quiera tanto.

Que cuando tu despiertes la veas a tu lado brindándote lo.
Que tu andas buscando en ella que es todo su amor y.
Que mas tu piensas darme si en verdad tu me quieres o es.
Que tu amor en realidad no existe que solo es una falsedad.

7-11-12

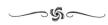

70.- Bella flor

*Dulce amor de mi vida en ti inspiro este poema en tan
bello recuerdo que no muere jamás, fuiste fuente de inspiración
que le diste a mi alma para quererte como te quiero, amor salvaje
y dulce loca pasión que nace en mi.*

*En mi alma es quererte como te quiero, lluvia de la mañana
esperanza de la noche largas horas pasadas esperando tu
llamada el día de las madres, poema que nace pasión en mi alma
es quererte como te quiero escribiré.*

*Tu nombre en mi mente y siempre me recordare las noches que
pasamos juntos que para mi será imborrable en mi vida pues
has sido la fuente de poder inspirarme para plasmar en cada letra que
escribo tu nombre y el mío eterna primavera.*

*Donde todas las mañanas salgo a ver el sol reluciente y buscar en Las
estrellas y en cada una de ellas tu nombre y el mío tu has sido en Mi vida
el sol radiante que alumbra mi sendero.*

*para encaminar mis pasos a través de la vida y poder salir adelante
y entregarte toda el alma mía, nunca abra en el mundo amor como
el nuestro pues cuando tu naciste la tierra tembló al traer al mundo
semejante flor.*

7-7-12

71.- *Sueño Inesperado*

Un día cuando menos lo esperaba llego a mi vida
una sorpresa inesperada me quede sorprendido
en la soledad salió de la nada y te siento a mi lado
desde el mismo instante mi vida ha cambiado.

Mi camino otro destino a tomado de ser un triste
desolado en el más alegre y brillante mi vida
ha cambiado y se ha transformado de no tener nada
a tener un sueño al futuro asegurado.

Ya que a cambiado mi vida a tu lado gracias
por el saludo de tu llamada inesperada que cada
segundo y cada minuto y las horas a tu lado es
lo mejor que me a pasado.

Gracias mi amiga por estar a mi lado gracias
porque un día a mi vida as llegado no cabe duda
que Dios te puso a mi lado eres una amiga inesperada
que Dios me ha enviado para darle luz a mi alma.

A mi sendero que estaba apagado desde hace tanto
tiempo que ya ni recuerdo cuando fue que mi vida a
cambiado dame la mano que estaré eternamente
agradecido por todo lo que no tenía antes de conocerte.

Y me has dado la paz a mi alma ya que la necesitaba
tanto para poder salir de mi prueba que Dios me a
mandado, gracias mi amiga solo te pido no te alejes
de mi lado.

7-1-12

72.- Amada Mía

Amada de mi corazón amor apasionado de mi alma dueña
de mi corazón desde el primer día que te vi mis ojos se fijaron
en ti, quise apartarte de mí y no lo conseguí tu eres para mí y no
dejo de pensar en ti, serás la estrella brillante que alumbra mi sendero.

Ni de noche ni de día te puedo apartar de mi no sé si es
tu cuerpo escultural o tu manera de ser acaso serás para mí
o es mi imaginación que me hace sentir así, dime si tu no
sientes lo mismo que yo y me apartare de ti.

Aunque sufra mi corazón se que en tu vida no habrá otro como yo que te
pueda dar todo el amor y toda la comprensión que tú necesitas
ofréceme tu vida y yo te daré miles de besos, no desprecies mi
cariño que en tu vida no encontraras otro sin igual.

Que no te que duda que sin mi ya no serás feliz sierra lo ojos y
dame todo tus besos entrégame tu alma y yo te daré la vida
piensa un solo momento en los caminos que tu as recorrido y dime,
si tú has sido feliz no desprecies este amor.

Que llego a tu vida cuando mas tú lo necesitas quiero
arrodillarme a tus pies para pedirte que seas mi esposa
y ante el altar que nos den su bendición, para que delante de Dios
sepas que te quiero y sobre todas las leyes de este mundo que nos
echen la bendición hasta que la muerte nos separe.

Si de mi lado te apartas algún día quiero que nos
echen la tierra encima juntos para sentirte mía para toda la
reencarnaciones que hay más allá de este mundo que este amor
que por ti siento sea para toda la eternidad y para siempre.

07-10-12

73.- *Desolado Corazón*

Ya no eres mi amor, ya no eres amiga
en ti todo a cambiado, desde que te
acercaste a mí, pensé que mi momento
había llegado.

Mucha tristeza en mi vida has dejado
de ti me había enamorado, tristeza
siente mi alma y tristeza mi corazón
muero de emoción.

Loca tentación por estar a tu lado
corazón desolado a tu vida llegara
otro loco enfadado que tu corazón
destroce un día también tu corazón.

No me gusta decir adiós mucho menos
las despedidas hay amores a escondidas
pero el nuestro fue puro y sincero hay amor
nadie te querrá como yo te quiero.

No olvidare tus besos los recordare hasta
el fin de mis días y se que tu también
recordaras los míos pero ya será un poco
tarde pues a tu lado ya no estaré.

06-11-12

74.- Se Puede Vivir

Perder un ser querido es la desesperación
perder un ser amado es la incomprensión se
puede vivir sin ambas cosas pero es mala
la tristeza más que la pobreza.

El ser humano no es feliz y pasan tantas cosas
por eso el corazón a veces no aguanta será
mejor nacer o no haber nacido, pregúntale a
la humanidad a veces viene la felicidad.

Muchas veces nos mata la tristeza vivir el día con
día hasta el final, gozar al máximo, no perdamos
la cabeza, seamos positivos, no pensemos solo
en el dinero que eso es pasajero.

Piensa en este día, porque posiblemente no
habrá mañana, ríe, canta, baila disfruta la vida
que hoy estamos vivos y mañana no lo sabemos
mejor gocemos y dejemos lo feo.

Cambia tu manera de ser vive el presente pero
con la realidad no trates de tener el dinero ni la
fama a costa de los demás piensa antes de dar
un mal paso sigue de frente con tu cabeza en alto

El día menos pensado todo cambiara cuando menos
lo pienses podrás ser feliz y si piensas un momento
en Dios veras que la vida es bonita solo hay que
vivir la pero con amor y mucha comprensión.

05-23-12

75.- Quererte Como Te Quiero

Tu eres la rosa de mi jardín que alumbra mi sendero
eres el manantial que riega mis flores eres la musa
que ilumina mi destino, eres la llama ardiente que
apaga mi fuego.

Eres como el viento que sopla mi camino, tu eres
mi destino si tú te fueras de mi lado ya no tendría
destino porque mi vida ya no tendría espera, porque
la muerte será mi consuelo.

No te alejes tanto de mi vida, sigue curando mis
heridas, para que puedan sanar y darte mi apoyo
y a si pueda ser yo el que ilumine tu destino
y el suelo que pisas.

Yo te daré lo que otro jamás lograría, comprenderte
amarte, respetarte, besarte amor tan solo quiero
amarte, pues tu sabes cuánto te amo, amor no me
hagas daño solo ámame como te amo.

05-04-12

76.- Luz del Alma Mía

Tu eres la luz que me alumbra, mi destino
por ti muero vida mía, piensa aunque sea un ratito
en la mañana resplandeciente que hace que por ti mi
corazón palpite.

Estrella del horizonte que hace que te quiera
cada día más, hay amor que alegría es quererte
como te quiero, mi mente solo ve tu imagen
el saber que me piensas hace mi vida más extensa.

Saberte mía y extasiarme con tus besos, tocar tu
dulzura recorrer tu cuerpo, con mis manos y sentir
tu deseo que hace que vibre mi más loco deseo
como lava ardiente que corre por mi cuerpo.

Todo esto hace que no pueda contener las
ganas de estar contigo, y que sientas el mas
grato placer, el que nunca e sentido por una
linda mujer como por ti hermoso querer.

Recuerdo cuando te cono si radiante como una
diosa y fragante como la rosa que en mi pecho
palpitas, de noche te siento a mi lado y no dejo
de pensar en ti, espero que pase lo mismo en ti.

3-25-10

77.- Amor Intenso

Amor intenso que brota de mi alma, ríos, cañadas
fuentes de inspiración, alborada de una mañana
fresca que azota mi cara haciendo que torrentes
de frescura me hagan recordar tu hermosura.

Existes más allá del océano que ya no abra
tampoco este amor durara para la eternidad
si en otra vida te pudiera encontrar créeme que
no lo dudaría porque contigo quiero estar.

Ayer te encontré mañana quiero que con migo
estés, siempre te amare hermosa mujer pues
dios sabe que muero si ya no te vuelvo a ver
pues te siento mía más que a mi propia vida.

Te quiero te deseo o corazón de todos el mas
bello, solo recuerda que sin ti yo muero
quiéreme como te quiero, vida de mi vida
eres lo mejor que tengo eres el espejo que

Alumbra mi sendero sin ti en este mundo no
quiero estar me sentiría solo y sin rumbo fijo
para poder sentir tu cuerpo a mi lado y no
querer de este mundo despertar.

1-14-10

78.- Fuente de Inspiración

Fuiste luz de inspiración que le diste a mi alma
quererte como te quiero eres la fuente que me
embriaga y riega mi sendero luminoso y la
musa que está en mi vida.

Que le das fuerza a mi vida y el camino para
seguir caminando por la vida, no hay nada en
la vida que pueda hacer, que este fuego que
llevo por dentro.

Pueda apagarse algún día y dejar de quererte
amada mía, que con tu amor y con la paz que
tu le das, a mi vida le das fuerza para seguir este
rumbo, lleno de sabiduría que tu le sabes dar.

tú con tu amor y yo con mi perseverancia para no
decaer en el mundo que vivimos por eso y por tu
amor te seguiré queriendo hasta el fin de mis días
amor eterno seré el esclavo de tu vida.

Y mas allá del mar y del mismo universo estaré
escribiendo tu nombre y el mío para que perdure
para toda la vida.

5-12-12

79.- Espejismo

Te vi de lejos y quise llamar tu atención
te vi de lejos y sentí el impulso de
acercarme te vi de lejos y decidí hablarte
te vi de lejos y me ignoraste.

Mis piernas se entumecieron en el momento
que me rechazaste luego observo tu mirada
tímida, es que no me conociste a caso te
olvidaste de mi, vida mía.

En ese momento supe que debía seguir mi
camino, pues no era el hombre de tus sueños
ni cumplía con tus expectativas, mas sin embargo
te amo como a nadie amor de mi vida.

Buscare el amor que en ti no encontré en el regazo
de otros brazos si te vuelvo a ver espero sea
yo el que no te va a reconocer, y aunque me
ruegues a tus brazos no eh de volver.

7-10-12

80.- Una Pena

Cuando te miraba observe en tu rostro
la tristeza de aquellos ojos llorosos
de repente una lagrima cae en tu mejilla
entonces supe cuanto sufrías.

Siento que tengas esa pena trato
de no pensar, y ver el mundo correr
sabes la vida continua hasta la partida
mientras tanto sonríe le a la vida.

Hay otros que sufren más que nosotros
ahoga la pena y mata el desengaño
mata la pena y sigue tu camino yo también
sufro una pena y la tapo con una sonrisa.

En las noches lloro, por los días sonrío
nadie sabe lo que sufro en silencio la triste
soledad que me atormenta, pues escondo
en mis versos de poeta esta inmensa pena.

4-4-12

81.- Aunque pase el tiempo

Sé que un día te encontrare en mi camino
entonces no habrá quien nos separe, si
algún día tú de mí te recuerdas, yo también
de ti me acordare.

Ni la distancia hará que nuestro amor se
acabe porque lo nuestro es cada vez
más fuerte muero por tenerte y sueño
con verte para tenerte.

Siempre e soñado en tenerte a mi lado
la vida la oportunidad no me ha dado
sin embargo yo sigo soñando te seguiré
escribiendo pues de amor estoy enloqueciendo.

Pasión de la buena tengo en el alma en pena
por la mujer ajena que mi alma llena
quiero verla pronto para entregarte
mi amor hasta hasta el final de mis días.

01-09-12

82.- *Lo Mucho Que Te Quiero*

Hoy te escribo este poema mas no como todos los que
has escuchado, este te llegara al alma pues me lo
inspiras tu desde que te conocí, mis ojos te miraron
y sentí que debía escribirte.

Aunque mis palabras se borren pronto de tu mente
pero estas palabras escritas no las podrás borrar
are de ellas miles de copias para que se queden
para siempre en tu mente.

Quiero que sepas lo mucho que te quiero y hacerte
ver que estaré en tu vida para siempre hasta que
llegue mi final y entérate que te llevare conmigo
a la tumba para hacerte eternamente mía.

En la eternidad del universo y en el cielo junto a
las estrellas nos amaremos como nadie en la vida
se a amado, porque solo el hecho de estar a tu lado
la vida me a cambiado.

3-26-10

83.- Sentimientos

Me inquieto al escuchar tu voz amor fugas
inquietante horas pasadas noche silenciosa
bello amanecer inquietud en mi alma sé que es
imposible este amor que corre por nuestras venas.

Lo siento me retiro de tu vida, se que encontraras
en tu vida alguna persona ojala que te de el amor
verdadero pues eres una mujer que no merece ningún
desprecio, amor me alejo de ti.

Cual te conociera espero que otros brazos cobijen
como yo tu cuerpo que nunca sufras amor hoy
te digo adiós y será para siempre si algún día me
recuerdas que te amare hasta la eternidad.

Solo quiero que recuerdes que nunca te maltrate
y por eso me alejo de ti para que puedas ser feliz el
amor no puede ser egoísta y en esta vida lo mejor es
la comprensión siempre trata de dar lo mejor de ti.

6-19-12

84.- *Total Entrega*

No es un buen beso ni una caricia no es decir
te quiero, ni brindar tu cuerpo es sentir y
entregarte sin condición alguna, es sentir
pasión y entregar todo a cambio de nada.

Es sentir calor en el momento es sentir
lo que yo siento, es brindar amor y
sentirlo en tu cuerpo, es entrega total
que me quemes con tu cuerpo.

Abrázame con tus caricias mírame
por dentro apaga esta hoguera
que me quema, enciende este
amor que siento y las ganas que tengo de ti.

Libera esta pasión desenfrenada quiero
amarte y quemarte con el volcán de mi
lava que penetre todo tu cuerpo para amarte y
encenderte como me enciendo.

Grita de pasión desenfrenada, quiero y
muero por qué vivas y sueñes con migo
porque eres tu el aire que respiro y cuando
no te miro siento que me asfixio amor mío.

9-15-04

85.- *Amor Inseparable*

*Un amor entre dos rompe las cadenas, de un amor
inseparable, soportando la pena, tú con tu amor y yo
llorando de pena, el amor entre los dos, es un amor
del bueno y hace que mi corazón no soporte la pena.*

*Se que algún día te encontrare en mi camino y no
habrá quien nos separe, si algún día de mi tú te
recuerdas, yo también de ti me recordare aunque
la distancia nos separe, nos une el pensamiento.*

*Ni la distancia hará que nuestro amor se acabe, y así
se rompan las cadenas del amor, sabrás que te seguiré
queriendo y algún día aunque pase el tiempo
te seguiré buscando hasta que vuelva a encontrarte.*

*Sabrás que en tu vida siempre estaré y de ti no me olvidare
nunca encontraras quien te quiera más que yo, pues el
amor termina cuando nos vamos de este mundo y yo te
seguiré queriendo, más allá de esta vida.*

7-11-12

86.- Soledad

Bello amanecer que me despierta en mis
sueños y en mi mente siempre estas, en
ellos veo tu imagen de mujer encantadora
te veo siempre en mis sueños.

Sueños que quisiera se hicieran realidad, poderte
conocer quisiera, porque mujer como tú solo en
mis sueños existe, en mi soledad te pienso y en
mi mente siempre estas.

Tu mi bella durmiente, de incomparable belleza, el amor
nace de dos seres sedientos de soledad, y la falta de ese
ser amado nos hace un tanto alocados, amor quiero estar
a tu lado para compartir cada instante de la vida.

Que nos toque vivir cada día, pues me mata la rutinu, de
incomprensión y soledad, sabiduría y tristeza, quisiera verte,
un día para saber si en verdad existes, o solo eres fruto de
mi soledad y mi mente marchita, que ansia por conocer el
amor verdadero que no sé donde andará.

2-23-12

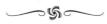

87.- *Besos de fuego*

Besos de fuego que endulzan mi alma saturados de
una llama embriagador que me tumban la razón y que
me das a media luz que me queman con tu boca
de labios tentadores.

Ven hacia mi y bríndame tus besos que sin ellos ya no
puedo vivir y me están asiendo perder la razón son tan
cálidos y suaves como todo tu existir me transporta a
un mundo nuevo.

Que no pensaba vivir dame esa lava de tu boca que
está llena de la pasión que transmite en cada uno de
ellos una fuerte sensación, saturadas de ese amor que
me sabes dar en cada uno de ellos.

Que nunca en mi vida pensé que esto
me iba a pasar que con un solo beso tuyo me transporte
a lo desconocido del fuego de tus encantos.

Hace vibrar cada vez que siento tu boca en mi boca
dame las mieles de cada uno de ellos porque esa boca
tentadora y esos labios tan hechiceros me hacen quemar
en el fuego que tú me das.

En cada uno de ellos hasta sueños con tan solo un beso
en mis sueños ya no quiero despertar y morir abrazados
los dos dándonos esos besos que solo tú me sabes dar.

09-9-12